TIME FOR KIDS

La gran bandera

Dona Herweck Rice

Créditos de publicación

Rachelle Cracchiolo, M.S.Ed., *Editora comercial*
Conni Medina, M.A.Ed., *Gerente editorial*
Jamey Acosta, *Directora de contenido*
Dona Herweck Rice, *Realizadora de la serie*
Robin Erickson, *Diseñadora de multimedia*

Créditos de las imágenes: págs. 3, 5, 6, 7, 12 ©Kristoffer Tripplaar/Alamy; pág. 4 ©iStock.com/studo58; págs. 8-9 ©Dennis Macdonald/Alamy; pág. 11 ©iStock.com/Jani Bryson; todas las demás imágenes de Shutterstock.

Library of Congress Cataloging-in-Publication Data

Library of Congress Control Number: 2015948662

Teacher Created Materials
5301 Oceanus Drive
Huntington Beach, CA 92649-1030
http://www.tcmpub.com

ISBN 978-1-4938-2964-4

Printed in Malaysia
Thumbprints.42805

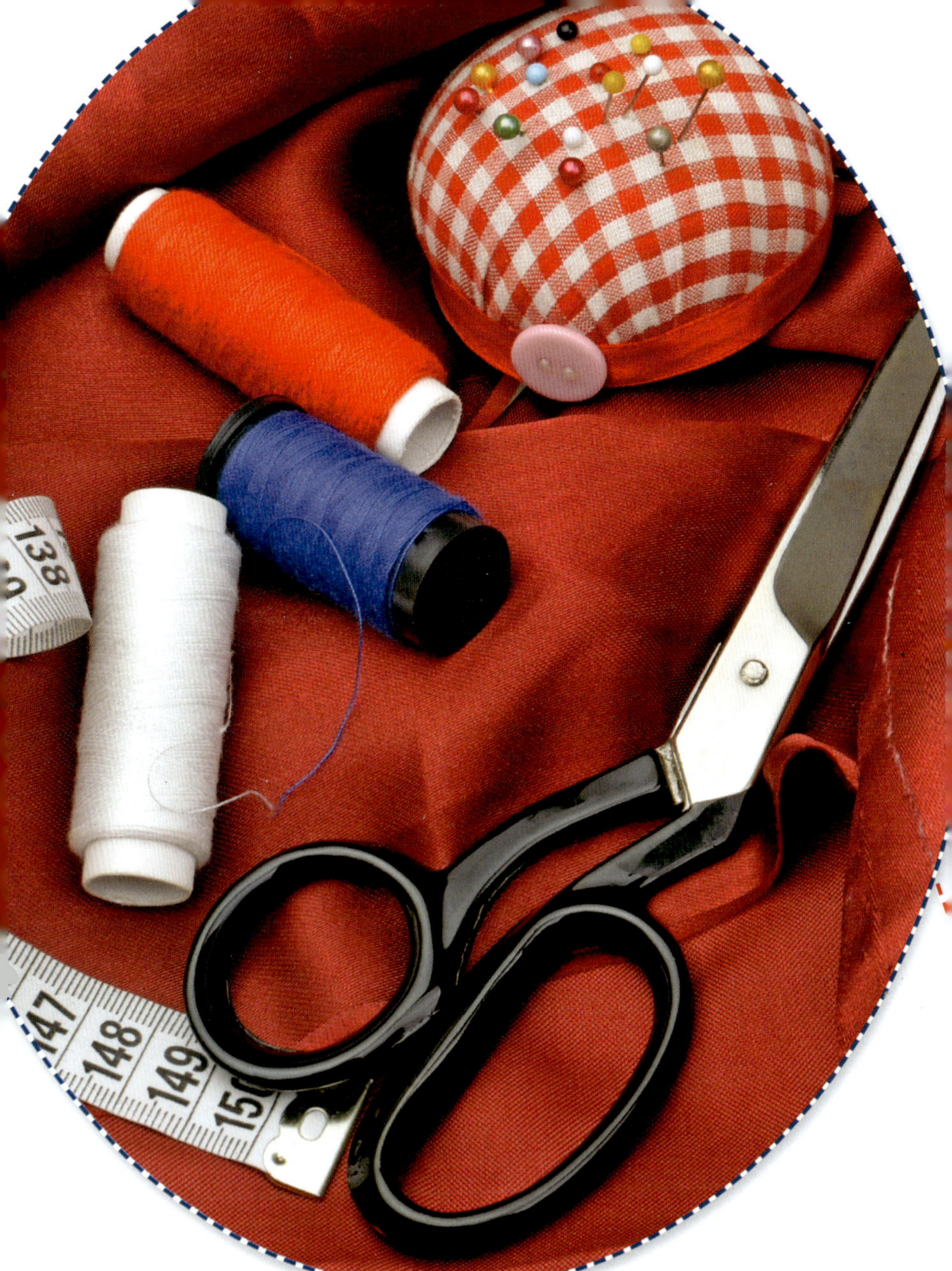
138
147
148
149

MPD
POLICE

Palabras para aprender

bandera

barras

coser

estrellas